LE

NŒUD DE LA SITUATION

PARIS
IMPRIMERIE DE L. TINTERLIN ET Cᵉ
RUE NEUVE-DES-BONS-ENFANTS, 3

LE NŒUD

DE LA

SITUATION

APPEL AU PEUPLE ANGLAIS

GUERRE A L'OLIGARCHIE!

> Et vous, Anglais, vous pleurerez votre victoire de Waterloo.
>
> (Napoléon Ier.)

PARIS

E. DENTU, LIBRAIRE-ÉDITEUR,

PALAIS-ROYAL, 13 ET 17, GALERIE D'ORLÉANS

1861

LE

NOEUD DE LA SITUATION

I

A présent que le « grand festin oratoire » des grands corps de l'État a pris fin, et que l'émotion produite par ses liqueurs plus ou moins alcoolisées ou frelatées s'est un peu calmée, rien n'empêche plus les humbles, demeurés un instant confondus par tant d'éloquence, de faire ripaille à leur tour. Au contraire, tout les y convie.

Comme on le voit, nous n'avons pas le mauvais goût de nous faire prier, et bien nous en prend ; car, en vérité, nous voilà devant de splendides reliefs !

II

Partout des pièces demeurées intactes ou à peu près ; par-ci par-là quelques objets vivement disputés, mais qui présentent encore l'aspect le plus attrayant ! — Attaquerons-nous celui qui a excité le plus de convoitises ? — Non. — Ami sincère et sans arrière-pensée d'une cause compromise par un zèle immodéré bien plus que par les arguments spécieux de ses implacables ennemis, nous craindrions trop, en nous laissant entraîner, d'assumer notre part de responsabilité dans cette grande catastrophe.

Qu'il nous suffise donc de répéter, après un de nos orateurs les plus distingués, que le « catholicisme est l'auteur de la démocratie, » et d'ajouter que le jour où le Pape viendrait à disparaître, c'est-à-dire le jour où la raison aurait définitivement détrôné la foi, où l'espérance aurait fait place au positivisme, où la charité s'exercerait partout comme en Angleterre, par exemple, en donnant avec ostentation un à qui l'on a détourné mille ; ce jour-là, il serait prudent d'attacher un gendarme à la personne de chacun de nos paysans et de faire de la fourche une arme prohibée.

C'est qu'au sein de la plus horrible misère, le paysan qui croit et espère est plus heureux mille fois que l'opulent pour qui le bien-être est la suprême loi.

Or, lorsqu'il sera démontré pour tous les déshérités, comme il l'est aujourd'hui pour les piliers d'estaminet et de salles des pas-perdus, qu'ils ne doivent croire à rien, qu'à leur propre raison, rien espérer que la jouissance immédiate ; en un mot, lorsqu'on leur aura enlevé l'espérance et la foi, que leur restera-t-il ? — Le Code pénal ? — C'est peu comme consolation, et comme frein, il est bien permis de supposer que la raison individuelle une fois révélée et émancipée, en aura bientôt fait bon marché.

Le Code pénal est l'œuvre d'un grand génie, objectera-t-on. — Sans doute ; mais nous ne sachions pas que le catholicisme ait été organisé par un niais ; et, du reste, on sait ce que pèse le génie devant la vanité d'un sot.

Or, le poëte l'a dit :

« Depuis Adam, les sots sont en majorité. »

III

Vous avez pris l'Angleterre pour exemple, ne manquera-t-on pas de nous dire, et voilà justement que cet exemple se retourne contre vous ; car l'individualisme, enseigné par le protestantisme, règne en maître absolu dans ce pays, et pourtant son peuple subit tout sans révolte, depuis l'humiliation du fouet jusqu'aux horreurs de la famine organisée. — Sans doute. — Mais patience ! — Le peuple anglais est lent à s'initier ; il n'a pas encore compris l'esprit de sa religion ; laissez-le puiser sa morale à la même source que ses lords et ses gentlemen de l'opium et de la cotonnade, et vous verrez !

IV

Vous verrez une révolution auprès de laquelle notre 93 de lugubre mémoire ne sera qu'un jeu d'enfants. — C'est que l'Angleterre aura beau crier partout que son peuple est libre, et le faire répéter sur tous les tons par nos démagogues et nos soi-disant libéraux, cela commence à ne produire plus que l'effet d'une farce trop jouée.

On sait en quoi consiste la liberté du peuple soumis à l'oligarchie, se cachât-elle sous le masque du libéralisme ou de la démagogie, qui ne sont autre chose en réalité que des oligarchies au maillot.

Nous ne voulons pour preuve de cette parenté que leur entente cordiale contre le catholicisme.

Que les peuples y prennent garde ! Toute oligarchie, pour subsister, a besoin de leurs sueurs ; et ce qu'il en coûte pour parer un seul trône de toutes les splendeurs, n'est rien auprès des sacrifices imposés par l'entretien de milliers de petits potentats, surtout lorsqu'il faut commencer par les mettre à l'engrais ; car le démagogue a généralement bon appétit, et la vanité du libéral est sans bornes ; — témoin celle de ce sublime idiot qui, par gloriole de garde national, a baisé et rebaisé la botte de l'étranger, vendu et revendu son pays, et livré du même coup ses nobles défenseurs au couteau des égorgeurs.

V

Nous citons ce triste exemple pour constater l'influence désastreuse de certains raisonnements spécieux sur l'esprit faible d'un homme honnête au fond, ce qui nous amène naturellement à expliquer de quel libéralisme nous entendons ici parler ; car il y a libéralisme et libéralisme, ainsi que nous allons essayer de le démontrer.

Remontons, à cet effet, à l'origine de la société : tout d'abord chaque homme dut y être à la fois producteur et consommateur; puis il y en eut qui se contentèrent de jouer le second rôle ; puis surgirent les intermédiaires, marchands, avocats, etc., etc.

Plus tard, la démocratie devint la formule politique du producteur ; l'oligarchie proprement dite du consommateur qui possède ; la démagogie du consommateur qui brûle d'envie de posséder, et enfin le libéralisme de l'intermédiaire.

Nous comprenons que l'oligarchie aspire à gouverner pour placer sous la protection des lois ses priviléges plus ou moins légitimement acquis ; — nous comprenons l'avidité de la démagogie : c'est la question du loup affamé, traqué, qui sort de sous bois pour aller porter la consternation et la mort dans les campagnes paisibles ; — nous comprenons que la démocratie fasse tout pour affirmer ses droits ; — nous comprenons enfin que le libéralisme soit politiquement, entre ces divers intérêts, ce qu'il est socialement, un intermédiaire ; et, à ce compte-là, nous le disons hautement, nous sommes libéral, archi-libéral.

Mais ce que nous ne comprenons pas, c'est le libéralisme qui cherche à dominer.

Ce libéralisme-là, nous le suspectons comme tout ce qui porte un masque ; c'est le ruolz de l'oligarchie.

Or, oligarchie pour oligarchie, mieux vaut mille fois la vraie, parce qu'on sait à qui l'on a affaire, et surtout parce que de toutes les tyrannies, la plus détestable certainement est la plus basse, celle qui a besoin à chaque instant de s'affirmer : témoin celle du portier.

VI

Guerre à l'oligarchie, sous quelque forme qu'elle se présente, féodale, libérale ou démagogique ! Tel doit donc être le mot d'ordre de la démocratie.

Toutefois, il lui faut une direction ; car le bon sens et l'expérience démontrent surabondamment qu'elle ne peut se suffire à elle-même. Sur qui s'appuyer dès lors, sinon sur la monarchie, qu'elle s'appelle empire, royauté ou simplement dictature ?

De son côté, la monarchie est obligée de s'appuyer désormais sur la démocratie, sous peine d'étouffer, à la longue, en s'isolant dans l'atmosphère de son despotisme, de descendre, en qualité de fantôme constitutionnel, au rôle d'éditeur responsable des platitudes de l'oligarchie libérale, ou de placer, en l'abandonnant, la démocratie dans la triste nécessité de se jeter dans les bras de l'oligarchie démagogique, et de renouveler, par conséquent, ces pauvres républiques où les avocats règnent, ce qui veut dire que personne n'y gouverne.

Sans doute la monarchie, et en particulier la monarchie française, a pu s'appuyer autrefois sur l'oligarchie féodale ; mais c'était dans le bon vieux temps, et encore tous nos rois, grands par eux-mêmes ou par leurs ministres, se sont-ils appliqués à réduire sa puissance toujours menaçante.

Ajoutons que si leur idée avait été convenablement comprise et exécutée jusqu'au bout, cette monarchie existerait certainement encore ; mais elle ne le fut pas, et l'on se lasse de tout, même du bon vieux temps et de ses libertés de bastonnade, de cuissage, etc., etc. Les peuples sont si ingrats !

VII

Le peuple français, entre autres, se rappelant un jour qu'avant d'être vaincu, dépouillé, asservi, il avait, en qualité de Gaulois, porté l'épée bien plus haute que ses vainqueurs, se prit à souffler sur eux et les dispersa comme fait l'aquilon furieux de la poussière du chemin.

Ce fut un beau mouvement.

Nous parlons du mouvement démocratique dont la gloire est inscrite sur toutes nos frontières, et non de l'essai d'oligarchie des guillotineurs et des dénonciateurs publics.

Nous parlons de la gloire de nos soldats citoyens et non des turpitudes et des abominations de ces autres citoyens qui n'étaient rien moins que soldats.

Nous parlons d'or pur et non pas de plomb vil, de ceux qui anoblirent le drapeau de la révolution et non de ceux qui le traînèrent ignominieusement dans la boue.

Nous parlons enfin et surtout de l'homme qui, s'identifiant avec le génie de la France, entreprit hardiment de réconcilier deux principes que les fautes et les crimes des hommes avaient pu diviser, mais auxquels l'intérêt de l'humanité commande de demeurer unis, la démocratie et la monarchie.

C'était une tâche ardue, impossible alors, puisque celui qui l'entreprit ne put l'accomplir. Toutefois, le principal obstacle ne lui vint pas des peuples, ni même des rois ; il lui vint de l'oligarchie, — de l'oligarchie anglaise qui dotait en ce même moment l'humanité des Pitt, des Castelreagh, des Bathurst, et, disons-le, dût notre plume en demeurer souillée, de sir Hudson Lowe, l'opprobre des bourreaux.

VIII

O peuple anglais ! lorsqu'au-dessus des flots grondants de la Manche résonnent à ton oreille des paroles de menace ou de mépris des Français, sache-le bien, ce n'est pas à toi qu'elles s'adressent, mais à tes maîtres.

Sais-tu pourquoi ces maîtres ont encore aujourd'hui le droit de te fouetter et le talent de faire croire aux badauds des autres pays que ton bonheur est parfait ?

Parce que, lisant dans l'idée de Napoléon, ils ont vu leur ruine dans ton affranchissement, précurseur de celui des autres peuples, et voilà pourquoi « tu dois pleurer ta victoire de Waterloo. »

IX

Si Napoléon Ier avait eu des flottes à la taille de ses armées, nul doute qu'au lieu de songer à plier tous les États du continent à son système politique, il n'eût tout d'abord eu recours au seul moyen d'assurer la sincérité de l'alliance anglaise, à l'invasion.

Nous disons au seul moyen, parce qu'il en est de l'Angleterre, gouvernée par ses grands propriétaires et ses marchands démesurément enrichis, comme de ces filles de marbre dont l'intérêt est le seul guide et qui n'aiment jamais bien que ceux qui les châtient bien.

X

« J'aurais tout dirigé moi-même, dit Napoléon à ce sujet ; j'avais donné des ordres pour que deux flottes considérables se rendissent dans les Indes-Occidentales. Au lieu d'y rester, elles n'auraient fait que se montrer à quelques-uns des établissements que vous possédez dans ce pays, et seraient revenues de suite en Europe après s'être dirigées sur le Ferrol, en avoir levé le blocus et fait sortir les bâtiments de guerre qui s'y trouvaient. Avec ce renfort, elles devaient se diriger sur Brest, où se trouvaient environ quarante vaisseaux de ligne tout prêts à partir ; avant que ces escadres fussent de retour, j'aurais été maître du canal pendant deux mois, ayant à ma disposition environ soixante-dix vaisseaux de guerre, outre les frégates. J'aurais passé en Angleterre avec une flottille et deux cent mille hommes; j'aurais débarqué le plus près possible de Chatam, et, de là, je me serais dirigé sur Londres, où je pouvais arriver quatre jours après mon débarquement. J'aurais proclamé la République, j'étais alors premier Consul ; l'abolition de la noblesse et de la Chambre des pairs ; la distribution des biens de ceux qui se seraient opposés à mes projets ; la liberté, l'égalité et la souveraineté du peuple ; tout cela m'aurait fait bientôt des partisans. J'aurais laissé subsister la Chambre des Communes, mais après lui avoir fait subir une grande réforme. J'aurais fait une proclamation pour annoncer à l'Angleterre que nous étions venus *comme amis de la nation anglaise, pour la délivrer d'une aristocratie perverse et corrompue*, afin de donner une forme populaire à son gouvernement, ce que la conduite de mes troupes aurait confirmé, attendu que je n'aurais pas souffert qu'elles commissent les moindres excès. J'aurais puni de mort la maraude, le mauvais traitement à l'égard des habitants et la moindre infraction à mes ordres. Je pense que par mes promesses et les réformes que j'aurais réellement exécutées, je me serais fait un bon nombre de partisans. Dans une aussi grande ville que Londres, où il y a tant de populace et de mécontents, un parti formidable se serait déclaré pour moi ; j'aurais excité en même temps une insurrection en Irlande. »

XI

Nous livrons ces paroles de la grande victime aux méditations des fils de ses hôtes du *Bellérophon*.

XII

Depuis cet ignoble attentat, la situation politique est demeurée la même ; mais la vapeur a singulièrement simplifié la question militaire. La seule difficulté qui se présentât alors est vaincue, et nous avons la même confiance dans le génie qui nous régit et dans nos forces ; en outre, nous tiendrions particulièrement à honneur, et ce nous serait un grand sujet de joie, d'avoir à châtier les ignominies de Sainte-Hélène et les sauvageries des pontons ; et cependant, malgré les nouvelles insolences que nous avons journellement à endurer ; malgré tout, nous n'avons pas cessé de dire, et nous disons encore : Soyons amis, Anglais ! — Pourquoi ? Parce qu'au-dessus du droit, de la force et de la vengeance, nous plaçons le devoir de la justice et du pardon des injures. — Or, nous avons la ferme conviction que si le peuple anglais méritait le titre de peuple libre qu'on se plaît à lui prodiguer, il eût flétri, comme il convient, l'acte qui l'a sali pour jamais, comme il flétrirait certainement encore, s'il le pouvait, la triste protection accordée partout, en son nom, à l'assassinat.

XIII

Soyons amis, Anglais ! sinon, prenez garde ! Avec vous, sans vous ou même contre vous, nous ferons, tôt ou tard, triompher notre principe, le principe démocratique. — Avec vous, par votre révolution sociale ; sans vous, par le système continental ; contre vous, par l'invasion. Choisissez. Mais, en tout cas, il faut que votre oligarchie périsse : *Delenda Carthago !*

XIV

Delenda Carthago ! Voilà donc notre conclusion. Quand un nœud est si habilement et si solidement construit, il n'y a qu'à le trancher.

Des trois moyens d'atteindre ce but, la révolution sociale anglaise, l'alliance de la monarchie et de la démocratie sur le continent et l'invasion ; le premier, celui que nous appelons de tous nos vœux, serait certainement le plus efficace, parce que l'influence des deux peuples étroitement unis serait irrésistible ;

mais il n'y a pas beaucoup à compter sur l'initiative d'un peuple aussi facile à leurrer.

Le second moyen conviendrait peut-être également ; mais il est sujet à bien des vicissitudes.

Sans doute, en Russie, Alexandre II est entré hardiment dans la voie démocratique et y marche avec une persévérance au dessus de toute admiration ; — mais qui nous dit qu'il ira jusqu'au bout ? Qui nous dit que, d'un moment à l'autre, il ne sera pas arrêté par ses ennuis intérieurs, tels que les tracasseries de la Pologne ou les nécessités d'une politique à la Richelieu ? — Qui nous dit enfin que, mieux inspiré que son aïeul, il saura résister à l'appât d'une bonne coalition ?

D'un autre côté, l'empereur d'Autriche, en admettant même qu'il soit animé des meilleurs sentiments, n'est-il pas menacé de tomber de Carybde en Scylla ? de l'absolutisme dans les filets du libéralisme, dont le premier acte d'indépendance en Hongrie a été la substitution du droit de bastonnade de la noblesse à la toute-puissance du souverain.

Sans doute, il y aurait pour François-Joseph un moyen d'éviter cette chute aussi déplorable que ridicule, ce serait de faire appel à son peuple, en lui disant : « Peuple, c'est désormais sur toi seul que j'entends m'appuyer et, en échange, je m'institue dès à présent le grand initiateur de tes droits. » Mais François-Joseph aura-t-il le bon esprit de jouer ce mauvais tour à ses libéraux ? Nous n'osons l'espérer.

Quant au roi de Prusse, il nous fait l'effet d'être engagé sur cette pente fatale où s'escamotent les couronnes les plus solidement établies en apparence. Du reste, à en juger par ses dernières dispositions, on serait tenté de croire qu'il accepterait plus volontiers une bonne leçon qu'un sage avis de la France.

Quoi que nous en disions, toutefois, nous sommes loin de prétendre qu'il n'y ait pas en ce moment autant et peut-être même plus que jamais d'éléments d'entente sérieuse entre les divers

Etats du continent ; mais nous pensons qu'il serait imprudent d'y placer une trop grande confiance. Reste l'invasion !

XV

Morte la bête, mort le venin.

Il nous suffira de joindre à l'enseignement de la chute de Napoléon cet argument en faveur de l'invasion et de ne pas nous laisser effrayer outre mesure par la vaillance et la prestance que les discours de lord Palmerston prêtent à MM. les volontaires anglais, pour justifier le goût très-prononcé que nous inspire cette solution.

Sans doute, il ne manque pas de gens qui traitent cette idée d'extravagance ; — il n'en manque pas non plus qui ne savent que se sauver ou se cacher en voyant courir un chien enragé à travers les champs ; mais il y en a d'autres qui ne peuvent agir ainsi sous peine de faillir à leur mission.

Étant donnée la rage de l'oligarchie anglaise, il est du devoir de la France démocratique de ne pas lui permettre de produire ses ravages, et elle ne le lui permettra pas.

Si nous avons été faibles ou timides à d'autres époques, nous ne le sommes plus. Aussi, tout bien considéré, pensons-nous que le mieux est d'attendre en toute confiance.

15 avril 1861.

FIN

www.ingramcontent.com/pod-product-compliance
Lightning Source LLC
LaVergne TN
LVHW010412240826
846091LV00020B/3647

* 9 7 8 2 0 1 6 1 2 3 6 7 6 *